COLLECTION DE M. C.

CATALOGUE

DE TABLEAUX

DESSINS

ESTAMPES ET LIVRES

Dont la vente aux enchères publiques aura lieu

HOTEL DES COMMISSAIRES-PRISEURS, RUE DROUOT, N° 9

SALLE N° 7

Les Mercredi 16 et Jeudi 17 Avril 1884

A UNE HEURE ET DEMIE PRÉCISE

Me MAURICE DELESTRE

COMMISSAIRE-PRISEUR

Rue Drouot, n° 27.

M. CLEMENT

MARCHAND D'ESTAMPES
DE LA BIBLIOTHÈQUE NATIONALE

Rue des Saints-Pères, n° 3.

EXPOSITION PUBLIQUE

Le Mardi 15 Avril 1884

DE DEUX HEURES A CINQ HEURES

CONDITIONS DE LA VENTE

Elle sera faite au comptant.

Les adjudicataires payeront *cinq pour cent* en sus des enchères.

Les attributions de l'amateur, pour les dessins et tableaux ont été conservés.

L'expert chargé de la vente se réserve la faculté de rassembler ou de diviser les lots.

ORDRE DES VACATIONS

Mercredi 16 Avril. — Numéros.......... 1 à 314 *bis.*

Jeudi 17 — — Numéros .... 244 à la fin.

LES TABLEAUX SERONT VENDUS A 4 HEURES.

DÉSIGNATION

DESSINS

1 — **Barrias.** — Étude de personnage romain. Au crayon noir rehaussé de blanc (signé).

2 — **Berghem**. — Le passage du gué. A la plume et lavis.

3 — **Blaizot.** — Faisans dans une forêt. Aquarelle.

4 — **Boilly** (fils). — Maison de Michel-Ange. — Italienne portant un fardeau. Deux dessins à la sépia.

5 — **De Boissieu.** — Dame assise vue de dos. Petit dessin au lavis d'encre de Chine, exécuté sur un fragment de facture au nom de Boissieu (voir au dos).

6 — Mendiant et enfant. Croquis à la plume et lavis d'encre de Chine.

7 — **Bonnington.** — Étude d'un peintre en costume moyen âge. Aquarelle (signé).

8 — **Daniel de Volterre.** — Frise d'enfants. Plume et bistre.

9 — **Bol** (Ferdinand). — Un Ermite. A la plume, lavé d'encre de Chine (Collection Esdaile).

10 — **Bouchardon.** — Fronton du Palais-Bourbon, Dessin à la sanguine.

11 — **Bouchardon**. — Deux enfants suspendus. Plume et bistre.

12 — **Boucher** (?). — Paysans endormis. Deux dessins à la mine de plomb.

13 — Le Génie du dessin. A la sanguine.

14 — Tête de jeune fille endormie. Crayon noir rehaussé de blanc.

15 — Jeune femme dans une loge de bal masqué. Lavis d'encre de Chine.

16 — Jeune fille en extase. Pastel.

16 *bis* **Annibal Carrache**. — Saint Roch distribuant des aumônes. Plume et lavis bistre. Dessin gravé à l'eau-forte par Le Guide.

17 — **Callot** (Jacques). — Réunion de personnages. Croquis à la plume.

18 — **Cano** (A.) — Cérémonie entre trois saints. Au lavis et bistre.

19 — **Casanove**. — Bergers et animaux. Crayon noir rehaussé de blanc, sur papier bleu.

20 — **Chasselat**. — Une dame assise près de sa fille. — Une jeune fille assise. — Une mère en prière. Trois dessins à la sépia, montés sur une même feuille.

21 — Psyché et l'Amour. Plume et lavis.

22 — **Charlet**. — Napoléon à Sainte-Hélène. A la mine de plomb.

23 — **Chardin**. — Jeune fille dessinant. Dessin aux trois crayons.

24 — **Michel-Ange Corneille**. — Vue prise en Italie.. Plume et sépia (collection Camberlyn).

25 — **Clérisseau**. — Ruines et personnages. Dessin au recto et au verso à la plume et lavis d'encre de Chine.

26 — Jeune fille puisant de l'eau à un puits entouré de ruines. Au lavis d'aquarelle et d'encre de Chine.

27 — **Cochin** (Le père). — Les femmes illustres, Frontispice. Plume et sépia.

28 — Prédication de saint Paul. Dessin au lavis d'encre de
Chine.

29 — **Ecole française**. — Portrait du chevalier d'Eon.
Aquarelle.

30 — **Corrège**. — Tête de jeune femme. A la sanguine.

31 — Jeune femme jouant du clavecin. A la sanguine.

32 — Trois têtes de femmes. Plume et bistre.

33 — **Debucourt**. — Jeune femme debout fouillant dans
un carton de dessins. Au crayon et aquarelle.

34 — **Decamps** (attribué). — Intérieur rustique. Aquarelle.

35 — **Dieterlin**. — Histoire de Nabuchodonosor. Dessin à
la plume.

36 — **Van Dyck**. — Descente de croix. Croquis à la plume
(collection Desperet et Crépet). Voir au dos un autre
dessin.

37 — **Demarne**. — Intérieur de forêt. Au lavis d'encre de
Chine.

38 — **Deshays**. — Étude de femme à mi-corps. Sanguine.

39 — **Devéria**. — Vue d'un château en Écosse. A la sépia.

40 — **Dumont** (Émile). — Jeune Italienne portant des fleurs.

41 — **Eisen** (Ch.). — L'Imagination présidant aux travaux
du poète. A la sanguine brûlée.

42 — **Échard**. — Paysage et bergers. Au lavis d'encre de
Chine et de bistre.

43 — **École française**. — Troupeau d'animaux. A la
plume et lavis d'encre de Chine.

44 — Chariot. A la sanguine.

45 — Une mère et son enfant. A la sanguine.

46 — La Marine. La Justice. Deux figures allégoriques. Plume.

47

47 — **Ecole française.** — Tête de jeune fille et tête de jeune femme. Deux dessins à la sanguine.

48 — **Tête de vieillard.** Aux trois crayons.

49 — Deux portraits d'enfants. Au crayon noir.

50 — Les Trois Grâces. A la plume et lavis de bistre.

51 — Lazare devant Jésus-Christ. Au lavis de bistre, rehaussé de blanc. (Voir un autre dessin au verso.)

52 — Animaux gardés par une jeune bergère. Au lavis de bistre.

53 — Vue dessinée à Montmartre en 1793. Au lavis d'encre de Chine.

54 — Paysage. Au lavis d'aquarelle.

55 — Encadrement de prière. Au lavis d'encre de Chine. (XVIIe siècle.)

56 — Trophées. (Signés *Faure*, 1766.) Deux dessins à la plume.

57 — Ornements. Deux dessins au lavis d'encre de Chine et bistre.

58 — Une Fontaine avec deux dauphins. A la sanguine.

59 — Homme vu de dos. A la sanguine.

60 — Portrait d'Elleviou. Miniature.

60 *bis* — La Cuisine des chiffonniers. Aquarelle.

61 — Cafetière et fruits. Aquarelle.

62 — La Brouille et la Réconciliation. Deux petits dessins à l'aquarelle.

63 — L'Adoration des Mages. Miniature.

64 — **Ecole flamande et hollandaise.** — Les Buveurs. Au lavis d'encre de Chine et de bistre.

65 — Le Traîneau. Aquarelle.

65 *bis*. — Tobie et l'Ange. A la plume, lavé de bistre et d'encre de Chine.

65 — **École italienne.** — Trois saints. Au lavis de sépia.

67 — La Comédie. Au crayon noir et sanguine.

68 — **Fragonard.** — Vue d'une partie de parc. A la sanguine. Signé.

69 — Étude de plantes. A la sanguine.

70 — Satyre et bacchante. A la plume et lavis de bistre.

71 — **Flers.** — Une Vue de la Seine à Billancourt. Au crayon noir.

72 — **Gamelin.** — Mort de Mithridate. Au lavis d'encre de Chine.

73 — Combat de cavalerie. Au lavis d'encre de Chine.

74 — **Geussler** (Jacob), de Hambourg. Intérieur flamand. Aquarelle. Signé 1834 (avec la lithographie par Lasalle).

75 — **Gavarni.** — L'agréable fardeau. Aquarelle.

76 — **Genoels** (A.). — Monuments funèbres dans un paysage. A la plume, avec la gravure.

77 — **Girardon.** — Hercule et Omphale. Crayon noir et sanguine.

78 — **Granet.** — Un Peintre peignant une madone. Aquarelle et sépia.

79 — **Grave** (Charles de) — Faunes et faunesses. A la plume et bistre. Signé, 1605.

80 — **Grave** (Josué de). — Vue de Liège. Dessin à la plume, lavis d'encre de Chine. Signé.

81 — **Greuze.** — Le Fils repentant. A la sanguine.

82 — Portrait de J.-J. Rousseau. Dessin au crayon noir.

83 — Jeune fille attaquée par un jeune homme. (Signé.) A la plume et lavis d'encre de Chine.

84 — **Grossé.** — Portrait de femme en buste. A la sanguine. (Signé.)

85 — **Hennequin** — Portrait de Bonaparte à mi-corps. Au crayon noir. (Signé.) Ce portrait fut donné par l'auteur,

élève de David, à Dupré, le célèbre graveur, pour un projet de médaille.

86 — **Van den Heuvel**. — Portrait d'un astronome. A la pierre noire et lavis d'encre de Chine. Signé.

87 — **Herbestoffer**. — Un Rabbin. A la mine de plomb; rehaussé de blanc. Signé.

88 — **Hubert**. — Paysage. A la mine de plomb. Signé.

89 — Chapelle rustique. A la sépia.

90 — **Huet** (?). — Une Ferme. Au lavis d'encre de Chine.

91 — Chèvres et moutons. A la sanguine.

92 — **Huisse** (Pierre). — Paysage. Au crayon noir.

93 — **Van Huysum**. Bouquets de fleurs. Deux dessins au lavis d'encre de Chine.

94 — **H...** — Vue de Bougival. Aquarelle.

95 — **Jeaurat**. — Enfant traversant un gué. Plume et sépia.

96 — **Jeanron**. — Jeune femme couchée, vue de dos dans un paysage. A la sanguine. Signé.

97 — **Tony Johannot**. — Une Sainte en extase. Aquarelle.

98 — **Jouvenet**. — Tête d'ange. Aux trois crayons.

99 — **Jordaens**. — Une Sorcière. Aux trois crayons.

100 — **Lucas** (de Leyde). — La Leçon de musique. Plume et lavis de bistre.

101 — **Largillière**. — Le Calvaire. A la plume, encre de Chine et bistre. (Dessin capital, encadré.)

102 — **Lefèvre** (Adolphe). — Une Baigneuse. Aquarelle.

103 — **Lahire**. — Cléopâtre devant Marc-Antoine. Crayon noir et lavis d'encre de Chine.

104 — **Lagny**. — Intérieur flamand. Au lavis de bistre.

105 — **Lafage**. — Danse d'enfants. A la sanguine. Signé.

106 — **Lagrenée**. — Rolland retenu par Armide. Au lavis d'encre de Chine.

107 — **Lallemand.** — Un Buveur. Aquarelle (signé).

108 — Port marchand avec personnages. Aquarelle et lavis d'encre de Chine.

109 — **La Rue.** — Encadrement de prières. Plume et lavis d'encre de Chine.

110 — Satyre et Enfant. Plume lavée d'encre de Chine.

111 — **Le Prince** (J.-B.). — Chinois et Chinoises en grand costume. Deux aquarelles.

112 — Femmes persanes. Deux petits dessins à l'aquarelle.

113 — Port marchand. Plume et sépia.

114 — Le Sultan amoureux. A la sanguine.

114 *bis* — Deux gouaches fixées sur panneaux en chêne, forme ovale.

115 — **Le Barbier.** — Le Mari dupé et content. — La Prudence en défaut. Deux superbes dessins à l'aquarelle encadrés, avec la gravure au verso.

116 — **Lesueur.** — Le Temps. Crayon noir rehaussé de blanc (du cabinet Gigoux).

117 — **Lebrun.** — Partie de la composition de l'Enlèvement des Sabines. Au crayon noir.

118 — **Lépicié.** — Jenne paysan debout. Dessin aux trois crayons.

119 — **Loutherbourg.** — Bergers et animaux. Quatre dessins au lavis d'encre de Chine et terre de Sienne.

120 — Bergers et animaux. Deux dessins au lavis d'encre de Chine, rehaussé de blanc (encadrés).

121 — **Lorrain** (Claude). — Paysage. Plume et lavis de bistre.

122 — **Longhi** (Pietro). — Personnages de comédie. A la sanguine.

123 — **Lenardi** (J.-B.). — Grande composition allégorique

pour le Triomphe du Duc de Lorraine. Trois feuilles à la plume lavé d'encre et rehaussé de blanc (signé).

124 — **Martin** (Paul). — Vue de la Maison verte à Marseille. Aquarelle.

125 — **Marlet.** — Une après-midi aux Tuileries. A la plume.

126 — **Mengs** (Raphaël). — Groupe de chérubins. Sanguine et crayon noir.

127 — **Meynier** (Charles). — Plafond du Louvre. Grand beau dessin à la plume lavé de bistre, rehaussé de blanc (signé, 1827).

128 — **Van der Meulen.** — Cavalier faisant le signe du commandement. Au lavis de bistre. Collection Mariette.

129 — **Mertens** (Jean Corneille). — Portrait de femme. Au crayon noir (signé).

130 — **Mignard.** — Jeune dame debout richement habillée. Crayon noir, rehaussé de blanc.

131 — **Michel-Ange.** — Étude d'académie. A la plume.

132 — **Moucheron.** — Paysage et ruines.

133 — Paysage et ruines.

134 — **Michel.** — Deux paysages à l'aquarelle. Recto et verso.

135 — Un paysage à la mine de plomb.

136 — Un paysage à la mine de plomb.

137 — Un paysage. Crayon, recto et verso.

138 — Un paysage au fusain.

139 — Un paysage. Crayon.

140 — Un paysage. Crayon et aquarelle.

141 — Un paysage et personnage. Crayon et aquarelle.

142 — Un paysage à la mine de plomb.

143 — **Mozin.** — Vue de l'avant-port du Havre avant la

démolition de la tour François Ier et de la porte Duperay. Dessin très intéressant au crayon noir, rehaussé de blanc.

144 — **Mommers.** — Animaux et personnages à l'entrée d'une ville. A la sanguine et lavis de bistre.

145 — **Murillo.** — La Prière pendant le sacrifice. Beau dessin à la plume et lavis d'encre.

146 — Extase de saint Bartholomée. A la plume lavé et teinté.

147 — **Natoire** (Ch.). — Évangélistes entourés d'anges. Deux dessins au crayon noir, lavis rehaussé de blanc.

148 — **Nattier.** — Bacchante assise. Dessin aux trois crayons.

149 — **Nicolle.** — Vue d'une rue de Rome. Aquarelle. (Signé.)

150 — Autre vue de la même rue. Aquarelle.

151 — Intérieur d'un palais. Au lavis de bistre.

152 — **Norblin.** — Jeux d'enfants. Aquarelle.

153 — **Oudry.** — Tigre au milieu d'une forêt. Crayon noir rehaussé de blanc.

154 — Porc-épic. Crayon noir rehaussé de blanc.

155 — Tête de loup. A la sanguine.

156 — **Ouvrié** (Justin). — Deux paysages à la mine de plomb.

157 — **Parrocel.** — Retraite de cavalerie. Sanguine et crayon noir.

158 — Combat de cavalerie. Aquarelle.

159 — Combat de cavalerie. Lavis d'encre de Chine. (Cabinet Lempereur.)

160 — **Pater.** — Satyres et Bacchantes. Plume et lavis d'encre de Chine.

161 — **Passaroti.** — Ornement. Plume et lavis de bistre.

162 — **Palme** (le vieux). Ensevelissement du Christ. Plume et lavis de sépia.

163 — Hercule vainqueur de l'Hydre. Plume et lavis de sépia.

164 — **Palmieri**. — Deux chevaux dans un paysage. Plume et lavis de sépia.

165 — **Panini**. — Porte de ville. Plume et lavis d'encre de Chine.

166 — **Roger de Piles**. — Portrait de Fr. Tortebat, gendre de Vouet. Au crayon noir.

167 — **Pillement**. — Paysage, bergers et animaux. Crayon noir.

168 — **Potter** (Paul) (d'après.) — Vache paissant.

169 — Vache au repos. Au lavis d'encre de Chine et sanguine.

170 — **Pinaker**. — Grand paysage. Plume et lavis de sépia.

171 — **Polydore de Caravage**. — Deux frises d'hommes femmes et enfants. Plume et lavis de bistre.

172 — **Poussin**. — Départ de Tobie (signé). Plume et lavis d'encre de Chine.

173 — Vénus et Adonis. Beau dessin à la plume et sépia.

174 — Naissance de Sernius Tullius. Plume et lavis d'indigo.

175 — **Primatice**. — L'ange conduisant les saintes femmes au sépulcre. A la sanguine.

176 —**Sébastien del Piombo**. —Figure de la Justice. Au crayon noir.

177 — **Pronck**. — Homme assis dessinant. Aquarelle.

178 — **Abel de Pujol**. — Le Commerce et la Paix protègent l'Amérique. Au crayon noir.

179 — **Pierre Pujet**. — Milon de Crotone. Dessin à la plume.

179 *bis* — Divers croquis. Plume teintée (voir au verso).

180 — **Quellinus** (élève de Rubens). — Armoiries épisco-
pales. Plume lavée de bistre.

181 — **Raphael**. — Femme à genoux. Dessin à la sanguine
rehaussé de blanc. Étude pour l'*Incendie*.

182 — Combat d'amazones. A la plume.

183 — **Razzi** (le sodoma). — Religieuses en prières. Plume
et lavis de bistre.

184 — Une religieuse en prières. A la sanguine.

185 — **Rembrandt.**—Le Financier. Petit dessin à la plume
et lavis de bistre.

186 — **Restout**. — Jésus crucifié. Beau dessin à la sanguine.

187 — **Rivalz** (A.) (peintre toulousain). — Hercule couché et
génies. Plume et lavis de bistre (signé 1715).

188 — **Rietschof** (élève de Backuysen). — Combat naval.
Beau dessin à la plume et lavis d'encre de Chine.

189 — **Hubert Robert**. — Ville en ruines. A la sanguine
(signé 1759).

190 — Ruines dans un paysage. Croquis à la sanguine.

191 — Une fontaine monumentale à Rome. Aquarelle.

192 — Un puits et paysage. Petit croquis à la sanguine (signé
1782).

192 *bis* — **Reynier**. — Coupe Renaissance. A la plume
teinté (signé 1830).

193 — **Roos** (J.-Henry). — Animaux au repos. Au lavis d'encre de Chine, accompagné de la gravure.

194 — **Romain** (Jules).—Cérémonie romaine. Plume et lavis
de bistre.

195 — Jupiter et Léda. — Jupiter, sous la forme du cygne,
est retenu par deux amours. Beau dessin à la plume et lavis
de bistre.

196 — **Salvator Rosa.** — Paysage. A la plume lavé de sépia (Collection Gigoux).

197 — **Joseph Rosa.** — Paysage et animaux. A la plume et lavis d'encre de Chine (signé 1764).

198 — **Rubens.** — Satyre attaché à un arbre. Beau dessin à la plume et sanguine.

199 — **Saftleven.** — Un jeune pâtre debout. Plume et bistre.

200 — **Saenredam.** — Minerve assise. A la plume.

200 *bis* — **Salembier.** — Ornement. Plume et sépia.

201 — **Salmon.** — Vache dans un paysage. A la sépia.

202 — Fille de campagne caressant un chat. Au crayon noir ainsi que les suivants.

203 — Fille de campagne vue de dos, portant un sac.

204 — Fille de campagne mettant ses bas.

205 — Fille de campagne debout, une main derrière le dos.

206 — Fille de campagne assise devant une table à ouvrage.

207 — Faucheur dans un champ de blé. Dessin à la plume.

208 — **Salviati.** — Études d'enfants. Deux dessins au crayon noir.

209 — **André del Sarte.** — Tête d'enfant et étude de main. A la sanguine.

210 — **G. de St Aubin.** — Jeune femme assise vue de profil, faisant de la couture. Au crayon noir.

211 — Joseph vendu par ses frères. Au crayon noir et mine de plomb, lavé d'encre de Chine.

212 — Portrait d'un abbé vu de profil. Au crayon noir.

213 — Scène de tragédie. Beau dessin à l'encre de Chine et sépia.

214 — **Schinz.** — Vue d'une ville sur le bord d'un lac en Suisse. A la sépia (signé).

215 — **Fanny Schater.** — Une fleur. Aquarelle.

216 — **Serres** (Dominique). Marine. Aquarelle (signé 1785). Ce peintre, né à Auch, était peintre de marine du roi d'Angleterre ; tous ses tableaux sont à Londres (voir au verso).

217 — **Stella.** — Enlèvement d'Eurydice. Plume et lavis de bistre.

218 — **Swanevelt.** — Paysage. Beau dessin au crayon noir. lavis d'encre (signé).

219 — **Swebach.** — Paysans russes et croquis de bataille. Deux dessins au lavis de bistre et mine de plomb (signé).

220 — **Jean Smees.** — Paysage. A la plume et bis're.

221 — Études d'arbres coupés. A la plume.

222 — **Teniers** (A.) — Portrait d'homme vu de trois quarts. A la pierre noire (collection Gigoux).

223 — **Pelegrino Tibaldi.** — Figure allégorique du commerce.

224 — **Tintoret.** — Vision de saint Marc. Beau dessin à la plume lavé de bistre. Cabinet du marquis de Lagoy. Ce dessin a été gravé par Aug. Carrache.

225 — **Dom. Tiépolo** — Cheval à l'abreuvoir. Au lavis de bistre.

226 — Sujet biblique. Plume et bistre.

227 — — — — —

228 — — — — —

229 — — — — —

230 — Bacchantes et satyres. Deux dessins à la plume et bistre.

231 — **Thomas de Thomon.** — Femme debout richement costumée. Aquarelle (signé 1789).

232-233 — **Tixier.** — Deux paysages à l'aquarelle.

234 — **Topfer.** — Une Chartreuse dans un bois. Beau dessin à la sépia.

235 — **Trinquesse?** — Une Dame assise. A la pierre noire, rehaussé de blanc.

236 — **Turailly**. — Un Lac dans un paysage, effet de nuit. Au crayon noir, rehaussé de blanc (signé).

237 — **Vasari** (Georgio). — Vierge et enfant Jésus. A la plume et lavis de bistre.

238 — Vue du tombeau du pape Léon XI. Plume et lavis de bistre.

239 — **Wattier** (Émile). — Nymphes et amours. — Deux dessins au crayon noir, rehaussés de blanc.

240 — **Watteau**. — Un personnage de comédie assis. Au crayon noir, rehaussé de blanc.

241 — **Van de Velde** (Jean). — Paysage. A la plume et lavis d'encre de Chine.

242 — Deux chiens lévriers. — A la plume et lavis d'encre de Chine.

243 — **Otto Venius**. — Entrée de Jésus à Jérusalem. Plume et sépia.

244 — **Verdussen**. — La Ribotte du paysan. Au verso, une Bataille. Plume et lavis d'encre de Chine.

245 — **Weirotter** (F. E.). — Une Chaumière. A la sanguine.

246 — **Véronèse** (Paul). — Conférence entre deux religieuses. Au lavis de bistre, rehaussé de blanc.

247 — Réunion de chefs d'armée. Dessin non terminé, à la plume et lavis d'encre.

248 — **Veyrassat**. — Paysage et chevaux à l'abreuvoir. Pastel (sous verre.)

249 — Mme **Vien** (née Réboul). — Fleurs. Aquarelle gouachée.

250 — Nature morte. Aquarelle gouachée.

251 — **Villeret**. — Vue du Jardin des Tuileries. Aquarelle.

252 — **Léonard de Vinci**. — Études de têtes et Cérémonie pontificale. Trois croquis à la la plume, lavés de bistre. (Collection Robert-Dumesnil.)

253 — **Volpato** (d'après Raphaël). — Partie du massacre des Innocents. Au crayon noir.

254 — **Wils** (Jean). — Repos de paysans buvant devant une ferme. Crayon noir lavé d'encre. (Collection Gigoux.)

255 — **Visscher** (L.). — Portrait d'homme. Au crayon noir rehaussé de blanc.

256 — **Woeiriot**. — Prédication de Moïse. Dessin à la plume. (Cabinet Meaume.)

257 — Vengeance céleste. Dessin à la plume. (Gravé par le maître lui-même.)

258 — Joseph vendu par ses frères. Dessin à la plume.

259 — **Vos** (Martin de). — Miracle de saint Hubert. Dessin à la plume, lavé de bistre.

260 — **Wyck** (Thomas). Petite marine finement exécutée. A la plume, lavé d'encre de Chine.

261 — **Zeeman**. — Marine. A la plume et lavis d'encre de Chine.

261 *bis*. — Un Album de soixante-trois dessins d'Aubry et autres. (Quelques-uns sont signés.)

261 *ter*. — Un Volume contenant environ quatre-vingt-dix dessins et croquis de Boilly fils.

DESSINS EN LOTS

262 — Dix-neuf dessins d'ornements, par diners.

263 — **Fragonard**. — Mars et Vénus.

   — **De Troy**. — Dame expliquant une lecture.

   — **Raffet**. — Pêcheuse de crevettes. Trois dessins.

264 — **Nicolle**. — Deux vues de Rome. Aquarelle.

   — **Winants**. — Paysage à la pierre noire.

   — **École française**. — Deux paysages à la sanguine. Trois pièces.

265 — **Lancret**. — Homme assis. Croquis à la sanguine.

— **École française**. — Portrait de Conventionnel. Aux trois crayons.

— **Leprince**. — Personnage oriental méditant. A la sépia. Trois pièces.

266 — **Kobell**. — Paysage et animaux. Crayon noir et lavis.

— **Muller** (Abraham). — L'ange visite Abraham. Mine de plomb.

— **École française**. — Abraham renvoie Agar. Plume et lavis. Trois pièces.

267 — **Romain** (Jules). — Cariatides et ornements d'architecture. A la plume.

— Saint Michel. Plume et lavis.

— **Valenciennes**. — Paysage. Plume et lavis d'encre.

— **Titien**. — Paysage. A la plume.

— **Carpioni**. — Femme cousant. Sanguine Cinq pièces.

268 — **De Beaumont**. — Buste de Parisienne de profil. Mine de plomb.

— **Prudhon**. — Académie de femme. Estompe rehaussé de blanc.

— **Swébach** — Attelage russe. Plume et lavis.

— **École française**. — L'Amour et l'Amitié. Plume teintée. Quatre pièces.

269 — **Eisen**. — Triomphe de Bacchus. Petit dessin à la plume et lavis.

— **Wall**. — Vue d'un grand lac aux États-Unis. Aquarelle.

— **École française**. — Statue de femme debout. Au lavis d'encre de Chine.

— **Polydore**. — *La Pudicité*. Lavis de sépia rehaussé de blanc. Quatre pièces.

270 — **École italienne.** — Une Mère affligée. A la sanguine.

— **École italienne.** — Deux moines debout. Esquisse à l'huile.

— **Bolognèse.** — Paysage. A la plume.

— **André del Sarte.** — Repas d'Esther et d'Assuérus. Mine de plomb. Quatre pièces.

271 — **Mignard.** — Portrait de femme. Crayon noir et Pastel.

— **Martin de Vos.** — Saint Jean. Plume et lavis d'encre.

— **Saftleven.** — Le Passage de la barque. Crayon noir et sanguine.

— **Fragonard.** — Étude de plantes. A la sanguine.

272 — **Watteau.** — Grand croquis au crayon noir et encre de Chine.

— **Bruaudet.** — Paysage à la gouache.

— **École française.** — Paysage à l'aquarelle.

— **Tiépolo** (Jean-Baptiste). — Portrait d'homme, la tête appuyée sur la main. A la sanguine. Quatre dessins.

273 — **Villeret** (signé). — Le moulin de Maisons-Laffitte. A l'aquarelle.

— **Bellini.** — Une héroïne. Dessin de la Renaissance. A la plume.

— **Del Piombo** (Sébastien). — Deux statues assises. Plume, lavis de bistre. Quatre dessins.

274 — **Callot.** — Saint Simon. A la plume.

— **Delafosse.** — Deux vases antiques. Plume et lavis d'encre.

— **Mola** (Jean-Baptiste). Agar dans le désert. Plume et lavis de bistre.

275 — **Wattier** (E., Signé 1841). — Jeune fillette morte. Crayon et sanguine.

— **Nicolle**. — Quatre vues de Rome. Aquarelle.

— **Cuyp** (Albert). — Jeune paysan debout. A la sanguine. Six dessins.

276 — **Watteau**. — Croquis. Crayon noir et sanguine.

— **Boucher**. — Jeunes paysans et enfant. Crayon noir rehaussé de blanc.

— **Ecole française**. — Deux académies d'homme A la sanguine.

277 — **Hooge** (Pierre de). — Souverain persan pardonnant des esclaves. Plume et lavis de terre de Sienne.

— **Bida**. — Odalisque Aquarelle gouachée.

— **Ecole française**. — Ruines romaines avec personnages. Grande aquarelle.

— **Guerchin**. — Incrédulité de l'Apôtre Thomas. Plume et lavis de bistre.

278 — Fac similé d'un dessin de Rembrandt.
       —   —   de Leprince.
       —   —   de Le Barbier.
       —   —   de Carle Vernet.
       —   —   de Jean Goujon. (Cinq pièces.)

279 — **Watteau**. — Personnage de comédie. Sanguine et crayon noir.

— **Charlet**. — Vieille femme assise. Plume et lavis d'encre.

— **Verkolie** (J.) — Érigone, nymphes et enfants. Aux trois crayons.

— **Ecole française**. Cheval de trait. —A la mine de plomb.

— **Salmon**. — Jeune paysanne au repos. Crayon noir.

280 — **Van Ostade**. — Deux fumeurs assis. Crayon noir rehaussé de blanc.

— **C. Pronck**. — Portrait d'homme en buste. Lavis d'encre de Chine.

— **Westall**. — Paysan accompagné de son chien. Sépia.

— **Claude Lorrain**. — Paysage avec ruines. Lavis de sépia.

— **J. Toorneliet**. — Portrait de femme sur vélin. Sanguine. Six dessins.

231 — **Van der Ulft**. — Ruine romaine. Croquis à la sépia.

— Monument romain. Plume et lavis d'encre.

— **École française** du xvii⁰ siècle — Philosophe et poète. Aux trois crayons.

— Mort de Léandre. Plume et lavis.

— **Bachelier**. Deux cariatides. Plume et lavis d'encre.

— **André Minardi**. — Un guerrier. Plume et terre de Sienne. Six dessins.

282 — **Van Aken**. — Paysage. Au lavis d'encre de Chine.

— **Grégorio** (Signé). — Paysage romain. Plume et lavis d'encre.

— **Almelowen**. — Paysage. A la pierre noire.

— **J. G. Dietzch**. — Paysage. Plume lavée d'encre.

— **École hollandaise**. Petit paysage à la plume.

— **Watteau**. — Paysage. A la sanguine.

— **Pinaker**. — Paysage. A l'encre de Chine.

— **Corneille Poelembourg**. — Ferme en ruines. Lavis de bistre. Huit dessins.

283 — **École française**. — Deux enfants mendiants. Jolie petite aquarelle.

— **Boissieu**. — Vue prise au bord d'un lac. Plume lavée d'encre.

— **Lhuillier** — Tirailleurs zouaves. Deux dessins à la plume lavés d'encre.

— **Oudry**. — Croquis de chasse. Plume lavée d'encre.

284

— **Huet.** — Le mépris et la haine. Trois têtes d'expression. Plume teintée.

— **Decamps.** — Cavalier arabe. Lavis d'encre. Six. dessins.

284 — **Lesueur.** — Tête d'homme en prière. Tête de Christ Deux dessins au crayon noir.

— **Watteau.** — Croquis de femme assise. Pierre noire.

— **Boucher.** — Paysage. A la mine de plomb.

— **École française.** — Le Rossignol. Sujet du conte de La Fontaine. A la plume et sépia. 5 dessins.

285 — **Lagneau.** — Tête de l'empereur Claude. A la sanguine.

— **Delorge** (signé). — Enfants agaçant un chien. Plume et terre de Sienne.

— **Schidone.** — Un moine. Crayon noir rehaussé de blanc.

— **Danet** (François). — Monument religieux richement décoré. Plume et lavis d'encre de Chine. Quatre dessins.

286 — **Brauwer** (Adrien). — Homme causant. A la plume.

— **Huet.** — Une chaumière. Crayon noir. 10

— **Hoefnagle** (G.) (Signé 1565). — Paysage et vue d'une ville. A la plume.

—   —   —   —

— **Calabrais.** — Une sainte Reine soignant un malade. Plume et bistre.

— **Dominicain.** — Extase d'une religieuse. Crayon noir.

— **Roos.** — Chèvres et moutons. Plume et sépia. Sept dessins.

287 — **Picot.** — Jeune serviteur portant un plat. Mine de plomb.

— **Collin.** — Intérieur d'un cloître. Lavis de terre de Sienne.

— **Bakalowitz.** — Le bain. Pastel.

— **David.** — Cérémonie romaine. Mine de plomb.

— **Bouchardon.** — Centaure. Deux dessins à la sanguine.

— **Lancret.** — Croquis d'homme. Crayon noir rehaussé de blanc.

— **Ricci** (Sébastien) — Croquis de diverses expressions. Plume et bistre. Huit dessins.

288 — **Carrache** (Annibal). — Torse d'homme. Dessin à la plume.

— **Campagnola.** — Paysage. A la plume.

— — Naissance de Bacchus. A la plume.

— **Corrège.** — Croquis divers. Plume et sanguine.

— **Poussin.** — Statue dans une niche. Plume et sépia.

— Divers croquis de têtes casquées. A la plume.

— Croquis de femme et de casques. A la plume.

— **Cinnaroli.** — Paysage. Plume et lavis de bistre.

— **École italienne.** — Croquis d'escalier dans un jardin. Plume et bistre.

— **Ecole française.** — Tête d'étude à la sanguine. Dix dessins.

289 — **Puget** (P.) — Projet de fontaine. Plume et lavis d'encre.

— Hercule. A la sanguine.

— **Rembrandt.** — Un homme exprimant la douleur. Sanguine.

— **Saftleven.** — Une chaumière. A la pierre noire.

— **Ecole du Poussin.** — Une femme effrayée. Plume et bistre.

— **Laar** (Pierre de). — Croquis d'attelages. Plume et bistre.

— **Bloemen**. — Cheval de trait. Lavis d'encre de Chine.

— **Novelli**. — Jésus avec deux disciples. A la plume. Huit dessins.

290 — **Saftleven**. — La Vérité. Beau dessin à la plume et lavis d'encre.

— **Ecole du Poussin**. — Groupe de femmes indiquant un chemin. A la plume lavé d'encre et rehaussé de blanc. L'arbre est traité tout à fait à la manière du Poussin.

— **Natoire**. — Étude de saints. Voir au verso. A la plume.

— **Seurre** le sculpteur (signé 1820). — Scène tragique. Plume et sépia. Quatre dessins.

291 — **Ecole de Fontainebleau**. — Vénus embrassée par l'Amour. Plume et sépia.

— **Parmesan**. — La Visitation. Plume lavée de bistre.

— **Zuccharo**. — Audience papale (collection Legoy). Plume lavée de bistre.

— **Panini**. — Ruines romaines. Plume lavée de bistre.

— **Palamède**. — Personnage de comédie. A la plume.

— **Maratte** (Carlo). Croquis de religieuses. A la mine de plomb. Six dessins.

292 — **Grégoire** d'Aix (**P.**). — Dame assise dans son appartement. Aquarelle.

— Paysage avec animaux et personnages. Plume et lavis d'encre.

— Dames dans un jardin.

— **Delaroche** (**P.**). — Étude d'homme. A la mine de plomb.

— **Huet**. — Vache couchée et chèvres. Plume lavée d'encre.

— Brebis et agneau. Lavis de terre de Sienne.

— **Ridinger.** — Chevreuils morts. Deux dessins au crayon et lavis.

— **Watteau.** — Croquis d'homme. Sanguine. Huit dessins.

293 — **École francaise.** — Scène de l'histoire romaine. Crayon noir rehaussé de blanc.

— Junon portée par des amours. Crayon rehaussé de blanc.

— **Flers** (signé). — Paysage. Croquis au crayon noir.

— **École de Prud'hon.** — Académie d'homme. Crayon rehaussé de blanc. Quatre dessins.

294 — **Salmon.** — Trois académies de femme. Crayon noir.

— **Stradan.** — Mercure. Plume et bistre.

— **École allemande.** — Convoi de prisonniers. Lavis de bistre.

— **École du Titien.** — Mariage de la Vierge. Plume et bistre. Six dessins.

295 — **Chaudet.** — Divers croquis.

— **Ecole française.** — Grand escalier en Italie. Aquarelle.

— **Vivier** (signé). — Combat dans une forêt. Lavis d'encre de Chine.

— **Rugendas.** — Marche de cavalerie. Plume et terre de Sienne.

— **Van Loo.** — Diane au repos. Plume et sanguine.

296 — **Van der Maas.** — Portrait d'homme du xviie siècle. Aquarelle gouachée.

— **Teniers** (D.). — Le château de Teniers. Vente Palla et Sensier. Au crayon noir et lavis de bistre.

— **Ferg.** — Danse villageoise. Plume lavée d'encre.

— **Schwartz** (signé). — Divers croquis à la plume.

— **Verdussen**. — Combat dans une forêt. Beau dessin à la plume et lavis d'encre. Cinq dessins.

297 — **André del Sarte**. — Personnage drapé. Sanguine rehaussée de blanc.

— **Salvator Rosa**. — Types de soldats. Plume lavée de bistre.

— **Parmesan**. — La sainte Famille. Plume lavée de de bistre.

— **Tiépolo** (J.-Baptiste). Moine lisant dans la campagne. Plume et sépia.

— **Ecole Italienne**. — Petit amour dans un nuage. Plume lavée d'encre. Cinq dessins.

298 — **Wiérix**. — Jésus et Marie dans leur gloire. Dessin finement exécuté à la plume et teinté.

— **Veyrhoter**. — Effet de nuit. Deux dessins rehaussés de blanc.

— **Dahline**. — Les trois Grâces habillées. Beau croquis à la mine de plomb.

— **Palamède Stevens**. — Dame debout. A la sanguine.

— **Snyders** (F.). — Étude de renards. Plume et lavis d'encre. Six dessins.

299 — **Boilly**. — Portrait de femme vue de profil. Crayon noir et estompe.

— **Bulant** (Jean). — Dessin d'architecture d'une grande finesse d'exécution, à la plume, et lavis d'encre de Chine.

— **Jay** (signé 1787). Tête d'expression. Crayon noir rehaussé de blanc.

— **Ecole française**. — Vue de Rome. A la sépia.

—   —   Femme à genoux. Crayon noir. Quatre dessins.

300 — Bibiena. — Vue d'un palais à Venise. Plume lavée d'encre.

— **Titien.** — Paysage. Plume et lavis rehaussés de blanc.

— **Vouet** (Simon). — Grand mouvement de personnages dans un palais. Beau dessin à la plume et lavis d'encre.

— **Ecole Italienne,** — Étude de têtes de femme et et enfant. Plume et bistre. Quatre dessins.

301 — Géricault. — Étude de cheval. Crayon noir.

— **Ecole française.** La Renommée des Tuileries. A la sanguine.

— **Le Saint.** (Signé 1829.) — Cloître en ruines. A la sépia.

— **Salmon.** — Jeune fille debout. Crayon noir.

— — Deux jeunes garçons assis. Crayon noir.

— **Arnaud** (signé). Branche de prunier. Plume lavée d'encre.

— **Redouté.**—*Bouquet de roses*. Aquarelle. Sept dessins.

302 — Clérisseau. — Ruines romaines. Lavis d'encre et de bistre rehaussé de blanc.

— **Teniers.** — Homme assis et croquis. Crayon lavé d'encre.

— **Pronck.** — Barques. Deux dessins à la plume lavés d'encre.

— **Pieters.** — Marine. Plume et lavis d'encre.

— **Ecole française.** — Paysage à la mine de plomb.

— — Trépied antique. Plume et lavis d'encre. Sept dessins.

303 — Cochin. — Portrait de Buffon. A la mine de plomb.

— **Collin.** (Signé 1823). La déclaration. Beau dessin à la sépia.

— **Vatinelle.** — (Signé 1820). Jupiter et Léda. Médaillon. Mine de plomb.

— **Gamelin**. — Le buveur. A la plume.

— **Ecole française**. — Portrait de jeune fille tournée de profil. A la sanguine.

— Deux nymphes soutenant un médaillon. Plume lavée d'encre. Six dessins.

304 — **Ecole italienne**. — Vue de Rome. Aquarelle.

—　　　　　—　　　　　Les naufragés. Plume et bistre rehaussé de blanc.

— **Palme**. — Étude d'homme assis. A la plume.

— **Corrège**. — Tête de femme. Sanguine et crayon noir.

— **Ecole de Fontainebleau**. — Enlèvement d'Europe. Plume et bistre. Cinq dessins.

305 — **Riedinger**. — Trophée de chasse. Beau dessin au crayon rehaussé de blanc.

— **Lancret**. — Personnage de comédie. Plume et bistre.

— **G. Saint-Aubin**. — L'Aimable accueil. Crayon noir.

— **Le Brun**. — Un Cauchemar diabolique. Curieux dessin à la plume et sanguine, lavé d'encre.

— **École française**. — Étude de têtes. Mine de plomb. Cinq dessins.

306 — **Boissieu**. — Homme assis. Crayon noir.

— **Lemoine**. — Groupe d'enfants. A la sépia.

— **Karel Dujardin**. — Gardeuse d'ânes. A la sanguine.

— **Huet**. — Un Mouton au repos. Mine de plomb.

— **École française**. — Le Joli nid d'oiseau. A la plume. Cinq dessins.

307 — **Véronèse** (Paul). — Mort de Saint-François. Beau dessin à la plume teinté de sanguine.

— **Girodet.** — Sujet tiré du poème d'Ossian. Crayon noir rehaussé de blanc.

— **Demarne.** — Vue d'un moulin. Beau dessin à la plume lavé d'encre.

— **Hennequin** (Signé). — Paysage. Pierre noire lavé d'encre. Quatre dessins.

308 — **Ecole française.** — Jeune italienne à genoux. Aquarelle.

— La Belle jardinière. Sanguine.

— Étude de tête de femme. Crayon rehaussé de blanc.

— Tête de femme. A la sanguine.

— Deux paysages. Au lavis d'encre.

— Jeune femme en costume hongrois. Crayon noir et sanguine.

— Porte majeure à Rome. Sépia. Sept dessins.

309 — **Cortone** (Pierre de). — Glorification de la Vierge. Plume lavée d'encre.

— **Calabresi.** — Femme et Enfants sur les marches d'un palais. Sanguine.

— **Tiepolo** (Jean Baptiste). — Sainte famille. Plume et sépia.

— **Salvator Rosa.** — Étude de soldats dans un paysage. Plume lavée d'encre.

— **Ecole italienne.** — Étude de têtes. Plume et crayon.

— Sainte famille. A la plume.

— Ruines romaines. Plume lavée d'encre.

— Palais en ruines. Plume et bistre.

— **Palme.** — Une Famille désolée. Plume lavée d'encre. Neuf dessins.

310 — **Lieudet.** — Vue de Delft. Plume et lavis d'encre.

— **Pronck**. — Deux Barques. A la plume.

— **Girodet**. — La Rencontre amoureuse. Crayon rehaussé de blanc.

— **Salmon**. — Une Chaumière. Crayon noir.

— Paysage. Crayon noir.

— Croquis d'enfants. Crayon noir.

311 — Lot de trente-cinq pièces, divers ornements. Pourra être divisé.

312 — Lot de quatre-vingts pièces environ. Divers dessins.

313 — Lot de vingt-quatre jolis croquis. Tony Johannot et autres au crayon noir teinté et pastel.

314 — Portrait de Mme de Saint-Aubin. Pastel, encadré.

314 *bis* — La Fuite en Égypte. Petite gouache encadrée dans un bénitier en bronze doré. Style Louis XIII.

ESTAMPES

315 — **Alix**. — Mably. — Condillac. Deux portraits in-fol. en couleurs, dont un avant la lettre. Belles épreuves.

316 — **Aveline**. — Vénus à sa toilette. Très belle épreuve, marge.

317 — **Bacheley**. — Vue de la ville du Havre-de-Grace. Belle épreuve.

318 — **Bailliu** (P. de). — Le Christ en croix, d'après Van-Dyck. Bonne épreuve.

319 — **Bartolozzi** (F.). — Comfort. — Henrietta Frances, Viscountess Duncannon. — Éducation. Trois pièces gravées en couleurs, d'après la comtesse Spencer. Très belles épreuves.

320 — **Basset** (Chez). — Visite de la nourrice, en couleur. Belle épreuve.

321 — **Baudouin** (d'après). — L'Enlèvement nocturne, par N. Ponce. Belle épreuve.

322 — La Soirée des Tuileries, par Simonet. Très-belle épreuve.

323 — **Beham** (H.-S.). — L'Homme fantastique (B. 234). Bonne épreuve.

324 — **Bellicard**. — Loge des changes de Lyon, d'après Soufflot. Belle épreuve.

325 — **Boilly** (d'après). — L'Optique, in-4 en couleur. Belle épreuve.

326 — **Bonnet**. — Bazile et Luzy. — Bazile et Laurette. Deux pièces en couleur faisant pendants, d'après Aubris. Belles épreuves.

327 — **Boucher** (F.). — Suite de quatre sujets d'enfants (P. de B. 2-5). Très belles épreuves du 3e état.

328 — **Boucher** (d'après). — Nymphe poursuivie, gravé en bistre par Floding. Belle épreuve.

329 — Diane et Actéon, par Tardieu. Très belle épreuve.

330 — La Belle villageoise, par Soubeyran. Très belle épreuve, grande marge.

331 — La Musique. — Groupe d'amours. — L'Hyver. — L'Automne, etc. Cinq pièces gravées par Aveline.

332 — Le Pêcheur. — La Poésie épique. — Le Marchand d'oiseaux. — Les Charmes de la vie champêtre. — Les Plaisirs de l'été. — Bacchantes endormies. Six pièces gravées par Daullé et Duflos.

333 — L'Air. — L'Eau. — La Terre. Trois pièces gravées, par Daullé. Belles épreuves, marges.

334 — Premier livre de figures, d'après les porcelaines de la Manufacture royale de France, inventés en 1757, par M. Boucher, suite de six pièces gravées par Falconet. Très belles épreuves. Rares.

335 — Le Peintre. — Le Sculpteur. Deux pièces gravées aux

trois crayons, par Clermont de Reims et publiées par Demarteau. Belles épreuves.

336 — **Boucher** (d'après). — La Chasse. — La Pesche. Deux pièces gravées, par Le Prince.

337 — Livre des arts. Quatre pièces gravées par Hertel.

338 — Diane couchée. Gravé en sanguine par Bonnet. Belle épreuve.

339 — Vénus surprise par l'amour. — Vénus caressée par l'amour. Deux pièces gravées aux trois crayons par Bonnet. Belles épreuves.

340 — C'est la Fille à Simonette. Gravé à la sanguine, par Demarteau (59). Belle épreuve.

341 — Vénus assise. — Vénus aux colombes. Deux pièces gravées à la sanguine, par Demarteau. Belles épreuves.

342 — **Boucher et Metay** (d'après). — Études et groupes d'Amours et d'Enfants. Gravés par Huquier. Sept pièces.

343 — **Boucher, Vleughels, Paterre et Le Mesle.** — La Courtisanne amoureuse. — Le Villageois qui cherche son veau. — Le Baiser donné. — Le Baiser rendu. — La Clochette. Cinq pièces gravées par De Larmessin et Fillœul. Bonnes épreuves.

344 — **Carême** (d'après). — Les Plaisirs bachiques. — Les Plaisirs des Bacchantes. Deux pièces en couleur, gravées par Bonnet et Julien. Très belles épreuves.

345 — **Challe** (d'après). — La Mort d'Hercule. — Milon de Crotone. Deux pièces gravées, par J.-B. Michel, une est avant la lettre.

346 — **Chapuy.** — Orléans (Mgr le duc d'). In-4 en couleur. Belle épreuve, marge.

347 — **Chardin** (d'après S.). — La Mère laborieuse. — Le Bénédicité. Deux pièces gravées par Lépicié. Belles épreuves.

348 — **Clermont** (F.). — Nouveau livre de groupe d'enfants, inventés et gravés par F. Clermont, suite de six pièces. Belles épreuves.

349 — **Cochin** (d'après C.-N.). — Descamps (J.-B.), par J.-F. Rousseau. Très belle épreuve avant toutes lettres, marges.

350 — **Saly.** — Sculpteur, in-4. Épreuve avant toutes lettres, marges.

351 — Armoiries royales. Épreuve avant la lettre.

352 — **Corbié** (Chez). — Oraison à Saint-Lasche. — Oraison à Sainte-Lasche. Deux pièces très curieuses avec légendes.

353 — **Courtry** (Ch.). — Intérieur Hollandais, d'après Pieter de Hooch. Épreuve avant la lettre, sur chine.

354 — **Coypel** (d'après Ch.). — Les Saisons. Suite de quatre pièces gravées, par Ravenet. Très belles épreuves, marges.

355 — **Daumont excudit.** — Fleurons pour livres du XVIII° siècle. Dix pièces. Belles épreuves.

356 — **Demarteau.** — Le Traîneau, d'après Boucher (503). Belle épreuve.

357 — Pastorales et études d'amours. Huit pièces gravées à la sanguine. Belles épreuves.

358 — Études d'animaux, gravés à la sanguine, d'après Dagommer. Quatre pièces. Belles épreuves.

359 — **Deny.** — Expériences du vaisseau volant de M. Blanchard, le 28 février 1784. Carte d'entrée.

360 — **Descourtis.** — Histoire de Paul et Virginie. Suite de six pièces gravées en couleur, d'après Schall. Belles épreuves.

361 — **Desnoyers.** — Eliezer et Rebecca, d'après Poussin. Belle épreuve, marge.

362 — La Belle jardinière de Florence, d'après Raphaël.

363 — **Desrais** (d'après). — Voltaire couronné, par Mme Clairon, gravé par Dupin. Très belle épreuve.

364 — **Dorigny.** — Les Planètes, d'après Raphaël. Suite de neuf pièces.

365 — **Durer** (Albert). — Le Pommeau d'épée de l'empereur Maximilien. Copie.

366 — **Dusart** (Corn.). — La Fête flamande. Belle épreuve.

367 — **Van Dyck** (D'après). — La Pentecôte. — L'Assomption de la Vierge. Deux pièces gravées par Caukerken. Belles épreuves.

368 — **École de Fontainebleau.** — Plusieurs Femmes dans un bain. D'après L. Penni, par Marco de Bianchi.

369 — **Eisen** (D'après Ch.). — Fleurons et culs-de-lampe pour illustrations de livres du xviii⁰ siècle. Vingt-six pièces. Très belles épreuves.

370 — Les Amants couronnés. — Le Prix de la beauté. — La Muse satirique. Trois pièces. Belles épreuves.

371 — **Fessard.** — Fleurons et en-tête de pages. Huit pièces.

372 — **Ficquet** (Etienne). — Chennevière. — Saugrain. — La Fontaine et Crébillon, Quatre portraits. Bonnes épreuves.

373 — **Freudeberg** (D'après). — Scènes champêtres. Deux pièces en couleur, faisant pendants. Belles épreuves.

374 — **La Toilette champêtre.** — La Propreté villageoise. Deux pièces en couleur, faisant pendants. Belles épreuves.

375 — La Visite au chalet. En couleur. Très belle épreuve.

376 — **Fritzschius.** — Vignettes pour les œuvres de Mercier. Neuf pièces.

377 — **Gamelin** (J.). — Combat de cavalerie. (P. de B., 12.) Belle épreuve.

378 — **Gautier.** — Dubois (Antoine). — D'après Boilly. In-4°. En couleur. Belle épreuve.

379 — **Ghisi** et **Vico.** — Mars et Vénus. — Diane et Endymion. Deux pièces. Belles épreuves.

380 — **Gillot** (D'après Cl.). — Le Saut de la danse. Gravé par Cochin. Belle épreuve.

381 — **Godefroy** (F.). — Vue perspective de la ville de Rouen. D'après F. Hue. Très belle épreuve avant la dédicace.

382 — **Goltzius** (D'après). — Les Vertus. Suite de sept estampes. Belles épreuves avec marges.

383 — **Gravelot** (D'après H.) — Jeux d'enfants, fleurons et culs-de-lampe, etc. Quarante-cinq pièces.

384 — **Greuze** (D'après J.-B.). — Le Geste napolitain. — Le Repentir. Deux pièces gravées par Moitte.

385 — La Petite fille au capucin, par Ingouf. Belle épreuve.

386 — **Grignon**. — Harlay (Catherine de). In-fol. Belle épreuve.

387 — **Hopfer** (D.). — Saint Paul, assis dans une chaire, etc. (B. 42.) Belle épreuve.

388 — **Huet** (D'après J.-B.). — Offrande présentée par l'Amour à la Fidélité. — L'Amour offrant des présents à Ariadne. Deux pièces en couleur faisant pendants. Gravées par Bonnet. Très belles épreuves.

389 — Le Mouton chéri. — Le Plaisir innocent. Deux pièces gravées aux trois crayons par Demarteau. (433, 434.) Belles épreuves.

390 — Les Moutons. Gravé aux trois crayons par Bonnet. Belle épreuve.

391 — Études et croquis. Gravés à la sanguine par Demarteau. Neuf pièces. Très belles épreuves.

392 — L'heureux Ménage. En couleur. Belle épreuve.

393 — Principes de dessins de tous genres. Vingt planches gravées à la sanguine, par Bonnet. Très belles épreuves.

394 — **Kauffman et Girard** (D'après). — La Sculpture. — La Peinture. — L'Architecture. — Apollon et les Muses. Quatre pièces gravées en couleur, par Sandoz et Phelippeaux. Une est avant la lettre.

395 — **Kauffman et La Rosalba** (d'après). — La Belle espagnole, — La Belle anglaise. Deux pièces gravées par Le Grand et Mlle Aubert. Belles épreuves.

396 — **Lagrenée et Carême** (d'après). — Les Muses, suite de neuf pièces gravées en couleur par Ruotte, Jullien et Phelippeaux. Belles épreuves.

397 — **Lavreince** (d'après N.). — Le Déjeuner anglais, par Vidal, en couleur. Très belle épreuve.

398 — **Le Barbier** (d'après). — L'Été, — l'Automne. Deux pièces faisant pendants, gravées en couleur par Demarteau. Belles épreuves.

399 — **Le Bas.** — Danse villageoise, d'après Claude Lorrain, Belle épreuve avant toutes lettres.

400 — **Le Clerc** (d'après). — Portrait d'une jeune paysanne, gravé à la sanguine, par Bonnet. Belle épreuve.

401 — **Le Clerc et Raoux** (d'après). — La Lecture. — L'Enfant prodigue exigeant sa légitime. — Le départ de l'enfant prodigue. Trois pièces gravées par Beauvarlet, Gaillard et Basan.

402 — **Le Grand.** — Le Travail, — La Récréation. — Le Bonjour. Trois pièces en couleur. Belles épreuves.

403 — **Lepaultre.** — Seconde et troisième planches relatives au sacre de Louis XIV à Reims. Deux pièces. Très belles épreuves.

404 — **Levilly.** — Une femme mariée, — Une Pucelle. Deux pièces en couleur, d'après Smith. Belles épreuves.

405 — **Longhi.** — La Maddalena del Corregio. Belle épreuve sur chine.

406 — **Marillier et Monsiau.** — Suite de 22 vignettes in-4 pour *la Pucelle*. Très belles épreuves avec la bordure, marges.

407 — **Martial.** — Les femmes de Paris pendant le siège. 12 pièces gravées à l'eau-forte.

408 — **Martinet** (Thérèse). — Suite de six vignettes grand in-8, pour Isabelle et Gertrude, comédie. Très belles épreuves avec grandes marges; une est tachée d'huile.

409 — **Martinet** (chez). — Troupes françaises, etc. 15 pièces en couleur.

410 — **Mérelle** (d'après). — L'Art de plaire. — Le Désir de charmer. Deux pièces faisant pendants, gravées en couleur par Pitou. Belles épreuves.

411 — **Le Mire**. — Matelot hollandais. Belle épreuve, marge.

412 — **Le Mire, Lebeau et Delaunay**. — Poullain de Saint-Foy. — Alexandre Pope, — Mlle Crozat, — Mme de Graffigny. 4 portraits in-8 et in-18. Belles épreuves avec marges; un est avant la lettre.

413 — **Moitte**. *Fouquet de Belle-Isle* (Charles-Louis-Auguste), duc de Gisors, d'après De La Tour, in-fol. Belle épreuve.

414 — **Monnet** (d'après). — Suite de 9 vignettes in-8, gravées par Schmitz, pour fables. Très belles épreuves, marges.

415 — **Moreau**. — Suite de 80 vignettes, in-8 et 32 portraits par Saint-Aubin pour les œuvres de Voltaire, édition Renouard. Belles épreuves.

416 — 33 pièces de la même suite. Très belles épreuves, grandes marges.

417 — **Morghen**. — La Vierge et l'Enfant Jésus. Epreuves avant toutes lettres.

418 — **Morret et Alix**. — La Promenade du matin, — La Promenade du soir. Deux pièces en couleur d'après Demarne. Très belles épreuves.

ORNEMENTS

419 — **Babel**. — Cartouches, fontaines et encadrements. 25 pièces.

420 — **Berain**. — Arabesques, meubles et candélabres. 13 pièces.

421 — **Bertren**. — Livres de médaillons et trophées. 14 pièces.

422 — **Boucher fils**. — Décorations d'appartements. 17 pièces faisant partie de la première suite des ornements de Boucher.

423 — **Boyvin** (B.). — Divinités de la fable. 5 pièces.

424 — **Bruchon**. — Cheminées. 6 pièces gravées par Le Meunié.

425 — **Le Canu.** — Cheminées. 6 feuilles.

426 — **Cornille.** — Ornements et boiseries pour décorations d'églises. 11 pièces gravées par Monchelet.

427 — **Delafosse.** — Sous ce numéro il sera vendu par suites 148 pièces de l'œuvre de Delafosse, trophées, girandoles, attributs, meubles, etc.

428 — **Deneufforge.** — Planches tirées du Recueil élémentaire d'architecture. 66 pièces.

429 — **Divers.** — Trophées, cheminées, porte-montre, bras de cheminées, chandeliers, portes, arabesques, etc. 32 pièces par Quéverdo, Nilson, Mondon, de Puisieux, Picau, Marillier, Mariette, Loir, etc.

430 — Trophées, cheminées, frises, tombeaux, fontaines, etc. 31 pièces par Dumont, Dolivar, Chauveau, Challe et Lajoue.

431 — Cheminées, arabesques, etc. 11 pièces d'après Raphael, Boulenger, Barbet, etc,

432 — Vases par Boucher, Bouchardon, Challe, Cauvet, Duplessis, Vico, Devailly, Petitot, Percenet, Polydore, Saly et Watelet. 64 pièces.

433 — Fleurs, par Baptiste, Vauquer, Prevost, Tessier, etc. 57 pièces.

434 — Flambeaux et girandoles par Vinsac, emblèmes par Pillement; vases et ornements tirés de l'antique, par Villemin; intérieurs renaissance par de Vriese, etc. 30 pièces.

435 — Trophées, portes de cimetières, cartouches et ornements divers. 44 pièces.

436 — **Eisen** (Ch.). — Livre d'ornements et figures d'après différents auteurs, utile aux artistes. Sept pièces.

437 — **Forty.** — Orfèvrerie à l'usage des églises. Quatre pièces.

438 — **Girard.** — Décorations pour tables et bordures. Deux pièces rares.

439 — **Huet** (d'après C.). — Singeries ou différentes actions

de la vie humaine représentées par des singes. Cinq pièces gravées par Guelard et Filleul.

440 — **Jacques.** — Les éléments. Suite de quatre pièces gravées par Basan. Belles épreuves.

441 — **Lalonde.** — Cahier de bordures et de cadres de différentes formes. Cahier B, gravé par Foin. Six feuilles.

442 — **Lalonde.** — Bordures, trophées, rosaces, etc. Douze pièces gravées par Berthault Hubert et Meunié.

443 — **Lalonde.** — Cheminées avec leurs trumeaux. Douzième cahier de l'œuvre (M) gravé par de Saint-Morien. Cinq feuilles.

444 — **Lepautre.** — Cheminées, plafonds, meubles et ornements divers. Vingt-neuf pièces.

445 — **Lepautre.** — Sujets religieux et d'histoire. Trente et une pièces.

446 — **Marot et Mercier.** — Mausolées. Architecture des jésuites. Dix pièces.

447 — **Peyrotte.** — Trophées. *La Peinture, la Sculpture, la Chasse, la Musique, la Pêche.* Cinq pièces gravées par Martinet.

448 — **Picart** (H.). Décorations de tables. Cinq pièces.

449 — **Poilly et P. Androuet Ducerceau.** — Ornements divers. Trente-sept pièces.

450 — **Ranson.** — Sous ce numéro il sera vendu par lots soixante-neuf pièces de l'œuvre de Ranson.

451 — **Salembier.** — Cahier d'arabesques composés et gravés par Salembier. Six pièces.

452 — **Salembier.** — Ornements et frises. Treize pièces gravées par Juillet, de trois cahiers différents.

453 — **Salembier et Pannier.** — Frises, fleurs et vases. Treize pièces gravées par Bonnet, Janinet et Juillet.

454 — **Toro.** — Livre de tables, trophées. Neuf pièces gravées par de Rochefort et Cochin.

455 — **Vouet.** — Montants d'ornements gravées par Dorigny. Douze pièces.

456 — **Pannier.** — Portrait de Richelieu d'après Champagne. Epreuve avant la lettre sur chine.

457 — **Passe** (Crispin de). — Trois pièces de la vie de l'Enfant prodigue. Belle épreuve.

458 — **Paterre** (d'après). La belle bouquetière par Fillœul. Très belle épreuve, marge.

459 — **Percier et Fontaine.** — L'Arc de triomphe du Carrousel et le Louvre. Quatre pièces. Belles épreuves.

460 — **Picart** (B.). — Vignettes pour dessus de boîtes et tabatières. Sujets pour les contes de Lafontaine d'après Lancret. Onze pièces.

461 — **Queverdo** (d'après). — Les agréments de l'été; — les plaisirs de l'automne; — les amusements de l'hiver; — les charmes du printemps. Suite de quatre pièces gravées par Dambrun. Très belles épreuves, marges.

462 — **Queverdo** (d'après). — Produit des baisers, fleuron gravé par Martinet. Belle épreuve.

463 — **Rembrandt.** — La mort de la Vierge. Belle épreuve.

464 — **Rembrandt.** — Pierre et Jean à la porte du Temple. — Le retour de l'enfant prodigue. — Le martyr de saint Etienne. — Abraham caressant Isaac. — Musiciens ambulants. — Le denier de César. — Le jeu du Kolf. Sept pièces.

465 — **Rembrandt.** — Le joueur de cartes. Trois épreuves des premier, deuxième et troisième états.

466 — **Rembrandt.** — Homme portant la main à son bonnet. — Les baigneurs. — Buste de la mère de Rembrandt. — Buste d'homme. — Académie d'homme nu. — Mère de Rembrandt assise. — Rembrandt et sa femme. — Le retour de l'enfant prodigue. — La grande descente de croix. Neuf pièces.

467 — **Reynolds** (d'après). — Miss Bingham. — La comtesse Spencer. Deux pièces gravées en couleur par Le Grand et Furcy.

468 — **Rubens** (d'après) Jésus apparaissant à ses disciples. — La Vierge et l'enfant Jésus. — Portrait de la femme de Rubens. — Trophée à la gloire de Constantin. — Quatre pièces gravées par Spruyt, Vorsterman et Tardieu. Celle gravée par Tardieu est avant la lettre.

469 — **Rubens**. — L'érection en croix, par Witdouc. Très belle épreuve.

470 — **Rubens**. — Rubens's son and nurse, gravé par Earlom. Epreuve avant la lettre.

471 — **Saint-Aubin** (Aug. de). — Vignette frontispice pour l'histoire de la maison de Bourbon par Desormeaux, d'après Boucher. Très rare épreuve à l'état d'eau forte.

472 — Caffiery (J.-J.), d'après Cochin. (E. H. 34.). Très rare épreuve à l'état d'eau forte.

473 — Franklin (B.), d'après Cochin. Belle épreuve, marge.

474 — **Schmidt** (G.-F.). — Madame Schmidt. — Lüberkühn. Deux portraits in-4. Bonnes épreuves.

475 — **Van Sichem**. — Ravaillac, en pied ; dans le haut les portraits d'Henri IV, Marie de Médicis et Louis XIII, in-4. Belle épreuve.

476 — **Silvestre** (Israël). — Vues de Reims, Meulent, Croissy, Boullongne, Avignon. Cinq pièces.

477 — **Stadler** (J.-C.) — Vues de Ramsgate et de Margate. Deux pièces en couleur. D'après Loutherbourg. Belles épreuves.

478 — **Strange** (Robert). — Abraham renvoyant Agar. — Joseph et la femme de Putiphar. — Danaé. Trois pièces.

479 — **Tassaërt**. — Lavoisier. In-4. Épreuve avant la lettre. Marge.

480 — **Téniers** (D.) — Fumeurs et buveurs. Huit pièces gravées à l'eau-forte. Belles épreuves.

481 — **Veen** (G. Van). — Bologne (Jean de). In-fol. Très belle épreuve.

482 — **Vico** (E.). — Cosme de Médicis. In-fol.

483 — **Vorst** (H. Van). — Son Portrait, d'après Van Dyck. Épreuve avec les lettres G. H.

484 — **Watteau**. — La Collation, par Moyreau. Épreuve avant toutes lettres.

485 — Le Colin-maillard, par E. Brion. Belle épreuve.

486 — La Contredanse, par Brion. Épreuve avant toutes lettres.

487 — L'Hiver, par N. de Larmessin. Très belle épreuve, toute marge.

488 — L'Occupation selon l'âge, par Dupuis. Très belle épreuve, marge.

489 — La Sérénade italienne, par Scotin. Très belle épreuve.

490 — Partie de chasse. — La Balanceuse. — Feste bachique. — Le May, Suite de quatre pièces arabesques en hauteur, gravées par Moyreau, Le Prince, Aveline et Scotin.

491 — **Wille** (J.-G.). — Repos de la Vierge, d'après Dietricy. — La Ménagère hollandaise, d'après G. Dow. — Bons amis, d'après Ostade. Trois pièces. Belles épreuves.

492 — Instruction paternélle, d'après Terburg. Belle épreuve.

493 — **Zucchi** (d'après). — Suite de huit vignettes. In-8. Avant la lettre. Gravées par Baquoy et autres, pour Virgile. Très belles épreuves, grandes marges.

494 — Sous ce numéro, il sera vendu, par lots, plusieurs portefeuilles d'estampes de toutes les écoles.

LIVRES

495 — **Audebert**. — Histoire naturelle des singes et des makis. Paris, Lefèvre, 1810. 1 vol. in-fol., cart. ; fig. color.

496 — **Bosse**. — Sentiments sur la distinction des diverses manières de peinture, dessein et graveure, et des origi-

naux d'avec leurs copies. Paris, chez l'auteur, 1649. 1 vol. In-12, demi-rel. veau.

497 — **Bottschild**. — Opera varia historica, poetica et iconologica, inventa et edita Samuel Bottschild. 1 vol. in-fol., cart.

498 — **Caylus**. — Histoire de Joseph, accompagnée de dix figures relatives aux principaux événements de la vie de ce fils du patriarche Jacob, et gravées sur les modèles du fameux Reimbrandt par Monsieur le comte de Caylus. A Amsterdam, 1757. 1 vol. in-fol.

499 — **Caylus**. — Recueil d'Antiquités égyptiennes, étrusques, grecques et romaines. Paris, 1752. 1 vol. in-4, veau.

500 — **Chabert**. — Galerie des peintres. 3 vol. In-fol., cart. Grand nombre de figures et portraits.

501 — **Clerisseau**. — Antiquités de France. Monumens de Nismes. Paris, 1778. 1 vol. in-fol., cart.

502 — **Coquart**. — Suite de huit plans de Paris. Du traité de la police par Defer. 1 vol. in-fol.

503 — **Descamps**. — La Vie des peintres flamands, allemands et hollandais. Paris, Jombert, 1753-1764. 4 vol. — Voyage pittoresque de la Flandre et du Brabant. Paris, 1769. 1 vol. in-8. En tout, 5 vol., demi-rel. bas.

504 — **Dorat**. — Fables nouvelles. A La Haye, et se trouve à Paris chez Delalain, 1773. 1 vol. in-8, demi-rel., v.

505 — **Dujardin**. — Œuvre de Karel Dujardin. En 48 planches gravées à l'eau-forte. 1 vol. in-4, oblong, cart.

506 — **Dumont**. — Détails des plus intéressantes parties d'architecture de la basilique de Saint-Pierre de Rome. Paris, 1763. 1 vol. in-fol., cart.

507 — **Flaxman**. — Les Tragédies d'Eschyle dessinées par John Flaxman, sculpteur anglais, lithographiées par Feillet et Laqueson. 1 vol. in-fol. oblong, cart.

508 — **Gavarni**. — Œuvres choisies de Gavarni, revues, corrigées et nouvellement classées par l'auteur. Paris, Hetzel, 1846. 2 vol. in-8, cart.

509 — **Gill et Gandy.** — Vues des ruines de Pompeï, d'après l'ouvrage publié à Londres, en 1819, par sir William Gill et J.-P. Gandy, architecte, sous le titre de *Pompeïana*. Paris, 1827. 2 vol. grand in-4, cart.

510 — **Ghiberti.** — Bassirilievi della porta Maggiore del tempio di S.-Gio-Battista di Firenze. 1 vol. in-fol., cart.

511 — **Graffigny.** — Lettres d'une Péruvienne. Nouvelle édition augmentée de plusieurs lettres et d'une introduction à l'histoire. Paris, Duchange. 1752. 2 vol. in-8, broch.

512 — **Imbard.** — Tombeau de François Ier. Paris, 1812. 1 vol. in-fol., cart.

513 — **Images** de l'histoire de l'Évangile, arrangées selon l'ordre des temps et de la vie de Jésus-Christ. Ouvrage composé par le P. Jérôme Natal, à Anvers, l'an 1596. Ouvrage orné de 154 gravures par Martin de Vos, Wierix, Collaert, etc. 1 vol. petit in-fol. veau.

514 — **Jeaurat.** — Traité de perspective à l'usage des artistes. Paris, 1750. 1 vol. in-4, demi-rel., veau.

515 — **La Fontaine.** — Contes et nouvelles en vers, par Jean de La Fontaine. A Paris, chez Bouquet, 1806. 2 vol. in-8. Figures coloriées d'après Eisen.

516 — **Leclerc.** — Pratique de la géométrie sur le papier et sur le terrain..., par Sébastien Leclerc. Paris, Jombert, 1744. 1 vol. in-8, veau.

517 — **Mechel.** — Estampes du catalogue raisonné et figuré des tableaux de la galerie électorale de Dusseldorff. A Basle, chez Chrétien de Mechel, 1778. 1 vol. in-fol. oblong, mar. violet.

518 — **Musée royal de Naples.** Peintures, bronzes et statues érotiques du Cabinet secret, avec leur explication par le Colonel Famin. Paris, 1857. 1 vol. in-4, mar. rouge.

519 — **Ovide.** — Les Métamorphoses d'Ovide, traduites en prose française, et de nouveau soigneusement revues et

corrigées. Paris, chez Antoine de Quay, 1640. 1 vol. in-4,
vélin.

520 — **Parallèle** de l'architecture antique et de la moderne,
contenant les profils des plus beaux édifices de Rome,
comparés avec les dix principaux autheurs qui ont écrit sur
les cinq ordres. Paris, Jombert, s. d., 1 vol. in-fol.
veau.

521 — **Recueil** de soixante-dix-sept vignettes in-8, d'après
Gravelot, pour les *Contes de Boccace*, en 1 vol. in-8,
d.-rel., mar. rouge, dos et coins.

522 — **Recueil** d'environ quatre-vingts figures, gravées par
Huquier, Cochin et autres, d'après Boucher, Bouchardon
et Natoire. 1 vol. in-fol. oblong cart.

523 — **Recueil** de cartes pour l'étude de l'Histoire de
France. Paris, Nyon, 1787. 1 vol. in-4 cart.

524 — **Roux**. — Herculanum et Pompéi. Recueil général des
peintures, bronzes, mosaïques, etc., découverts jusqu'à
ce jour et reproduits d'après le Antichita di Ercolano, il
Museo Borbonico et tous les ouvrages analogues, augmenté
de sujets inédits, gravés au trait sur cuivre, par H. Roux
aîné, Paris, Didot, 1861-1862. 8 vol. in-8 cartonnés,
Fig.

TABLEAUX

BOILY

525 — Bas-relief de Clodion. (Signé).
0,40 sur 0,30.

VAN BALEN

526 -- La Fuite en Egypte. Paysage par Breughel.
0,45 sur 0,30.

BONNINGTON (Attribué à)

527 — Hérodiade (copie d'un tableau de Rubens).

BONNINGTON (Attribué à)

528 — Jacob bénissant ses enfants.
0,42 sur 0,36.

BONVIN

529 — Jeune fille portant ses provisions et respirant un bouquet de fleurs. (Signé.)
0,18 sur 0,12.

BROUVER (Adrien)

530 — Buveurs flamands.
0,40 sur 0,28.

BRUANDET

531 — Paysage, avec figures par Swebach. (Signé.)
0,30 sur 0,24.

BOURDON (Sébastien)

531 *bis* — Paysage montagneux.

CARRACHE (Attribué à Annibal)

532 — Le Génie du commerce, les pieds et la tête ont été maladroitement retouchés.
1,20 sur 0,60.

CARRACHE (Attribué à ANNIBAL)

533 — Enfants et fleurs.
0,90 sur 0,72.

CROME (LE VIEUX)

534 — Clair de lune dans un paysage au bord d'une rivière.
0,35 sur 0,23.

COROT

535 — Les Bords de l'Oise.
0,33 sur 0,15.

CHARDIN (Attribué à)

536 — Femme cousant.
0,40 sur 0,30.

COUTURE (TH.)

536 bis — Le Page fauconnier.
0,70 sur 0,60.

VAN DYCK (Attribué à)

537 — Samson et Dalila. Copie ancienne de l'original qui est à Munich.
1,60 sur 1,00.

VAN EYCK (Attribué à)

538 — Le Christ portant sa croix.
0,27 sur 0,22.

ECOLE DE TITIEN

539 — Portrait d'homme (cadre ancien).
0,35 sur 0,27.

ECOLE ITALIENNE

540 — Ruines et personnages dans un paysage. Cadre sculpté forme ovale.
0,80 sur 0,65.

541 — Femme maintenant son enfant debout.

0,33 sur 0,25.

ECOLE ITALIENNE (d'après Le Titien)

542 — Danaé. Encadré entre deux panneaux de fleurs.

1,40 sur 0,70.

ECOLE FRANÇAISE

543 — Paysage où l'on voit un puits sur le bord d'un chemin.

0,30 sur 0,25.

544 — Portrait de dame. Époque Louis XIV, forme ovale. Cadre ancien.

ECOLE FRANÇAISE (Dix-huitième siècle)

545 — Le Lever.

0,30 sur 0,27.

ECOLE FRANÇAISE (Attribué à Moreau)

546 — Personnages dans un parc. Forme ovale.

0,15 sur 0,12.

ECOLE FRANÇAISE (Style Boucher)

547 — Animaux et personnages au bord d'une rivière.

0,54 sur 0,46.

ECOLE FRANÇAISE

548 — Portrait de jeune fille. Époque Louis XIV. Cadre ovale sculpté ancien.

0,38 sur 0,32.

549 — Petite marine.

0,14 sur 0,09.

550 — Jésus guérissant un aveugle. Esquisse

0,30 sur 0,26.

551 — L'Assomption. Esquisse.

0,28 sur 0,24.

FRANC

552 — Joseph et l'Enfant Jésus (cadre ancien).

    0,16 sur 0,12.

ECOLE ESPAGNOLE

553 — La Vierge et sainte Anne. (Origine de la peinture espagnole.)

    0.80 sur 0,55.

ECOLE HOLLANDAISE

554 — Personnage à cheval dans un paysage (cadre ancien).

    0,24 sur 0,18.

555 — Personnage et animaux dans un paysage.

    0,27 sur 0,21.

556 — Paysage et personnages en bateau.

    0.60 sur 0,40.

557 — Buveurs autour d'une table.

    0,30 sur 0,25.

558 — Un Mangeur de fèves.

    0,20 sur 0,15.

ECOLE FLAMANDE

559 — Paysage avec figures.

    0,34 sur 0,24.

GREUZE

560 — Portrait d'enfant.

    0,25 sur 0,20.

GUIDE (Attribué à)

561 — Femme éplorée cachant sa poitrine.

    0,60 sur 0,40.

GÉRARD

562 — Portrait de Mme Récamier assise devant une toilette. (Signé.)

    0,23 sur 0,18.

HOBEMA (Attribué à)

563 — Paysage.

0,62 sur 0,50.

LEBRUN (Attribué à)

564 — Alexandre et la fille de Darius.

1,45 sur 1,15.

LENFANT DE METZ

565 — Petite fillette assise.

LECLERC DES GOBELINS

566 — Deux jeunes filles jouant avec un oiseau.

0,12 sur 0,09.

LANCRET

567 — Conversation galante. Peinture monochrome.

0,30 sur 0,25.

LOIRE

567 bis. — La conversation dans le jardin des Tuileries. Composition de quinze figures. (Signé.)

0,37 sur 0,54.

MONNET

568 — Les Trois grâces.

0,55 sur 0,35.

MARATTE (Carle)

569 — Vierge et Enfant Jésus.

0,75 sur 0,62.

MOLENAER

570 — Paysage. (Signé du monogramme KM.)

0,32 sur 0,30.

NATOIRE

571 — Saint Simon en prières. Esquisse sur carton, avec une petite gravure d'après Boucher ?

PILLEMENT

572 — Paysan et animaux cheminant dans un paysage montagneux. (Signé.)

0,60 sur 0,40.

573 — Pauvres gens ramassant du bois, et d'autres se dirigeant péniblement vers une chaumière couverte de neige.

0,80 sur 0,65.

PRUD'HON

574 — Portrait de M. de Jussieu, botaniste.

1.20 sur 0,90.

ROZIER

575 — Un Pot de primevères.

0,30 sur 0,20.

SASSO FERRATO

576 — Tête de Vierge. Cadre ancien.

0,42 sur 0,32.

TENIERS (D.)

577 — Homme et Femme buvant.

0,20 sur 0,15.

WATELET

578 — Paysage avec ruines sur le bord d'un torrent.

0.40 sur 0,30.

VERNET (Joseph)

579 — Pêcheurs.

0,28 sur 0. 18.

VESTIER (ou GREUZE)

580 — Portrait de jeune fille coiffée d'un bonnet blanc.
0,50 sur 0,40.

VISPRÉ (d'après BOUCHER)

581 — La Savoyarde. Peint en trompe-l'œil.
0,36 sur 0,26.

VINCENT (de l'Institut)

582 — Achille vainqueur fait traîner autour de Troie le corps
d'Hector attaché à son char. Cette peinture très curieuse
est accompagnée de la gravure et du dessin original à la
plume lavée de bistre.

Paris. — Typ. PILLET et DUMOULIN, 5, rue des Grands-Augustins.